Nico Sternbaum*

Mein kunterbuntes Ausschneide-Buch

Schneiden, kleben, malen

Bassermann

ISBN: 978-3-8094-3819-9

12. Auflage 2025

© 2018 by Bassermann Verlag, einem Unternehmen der
Penguin Random House Verlagsgruppe GmbH, Neumarkter Str. 28,
81673 München

produktsicherheit@penguinrandomhouse.de

(Vorstehende Angaben sind zugleich Pflichtinformationen nach GPSR)

Layout und Zeichnungen: Nico Sternbaum
Satz und Umschlaggestaltung: David Böhm, Leipzig
Projektleitung: Birte Dittmann
Herstellung: Claudia Scheike

Penguin Random House Verlagsgruppe FSC®N001967

Druck und Bindung: Alföldi Nyomda Zrt., Debrecen
Printed in Hungary

Dieses Buch gehört:

. . . .

Und so funktioniert's:

1. Trennen Sie eine Seite zum Ausschneiden aus dem hinteren Teil des Buchs heraus.

2. Lassen Sie Ihr Kind mit einer kindgerechten Schere die Motive ausschneiden.

3. Nun werden die Motive in die richtige Mini-Geschichte im vorderen Teil des Buchs eingeklebt.

4. Zum Schluss können manche Motive noch fertig ausgemalt werden.

Wenn alle Motive eingeklebt wurden,
wartet als Belohnung der Scherenführerschein
am Ende des Buchs auf Ihr Kind!

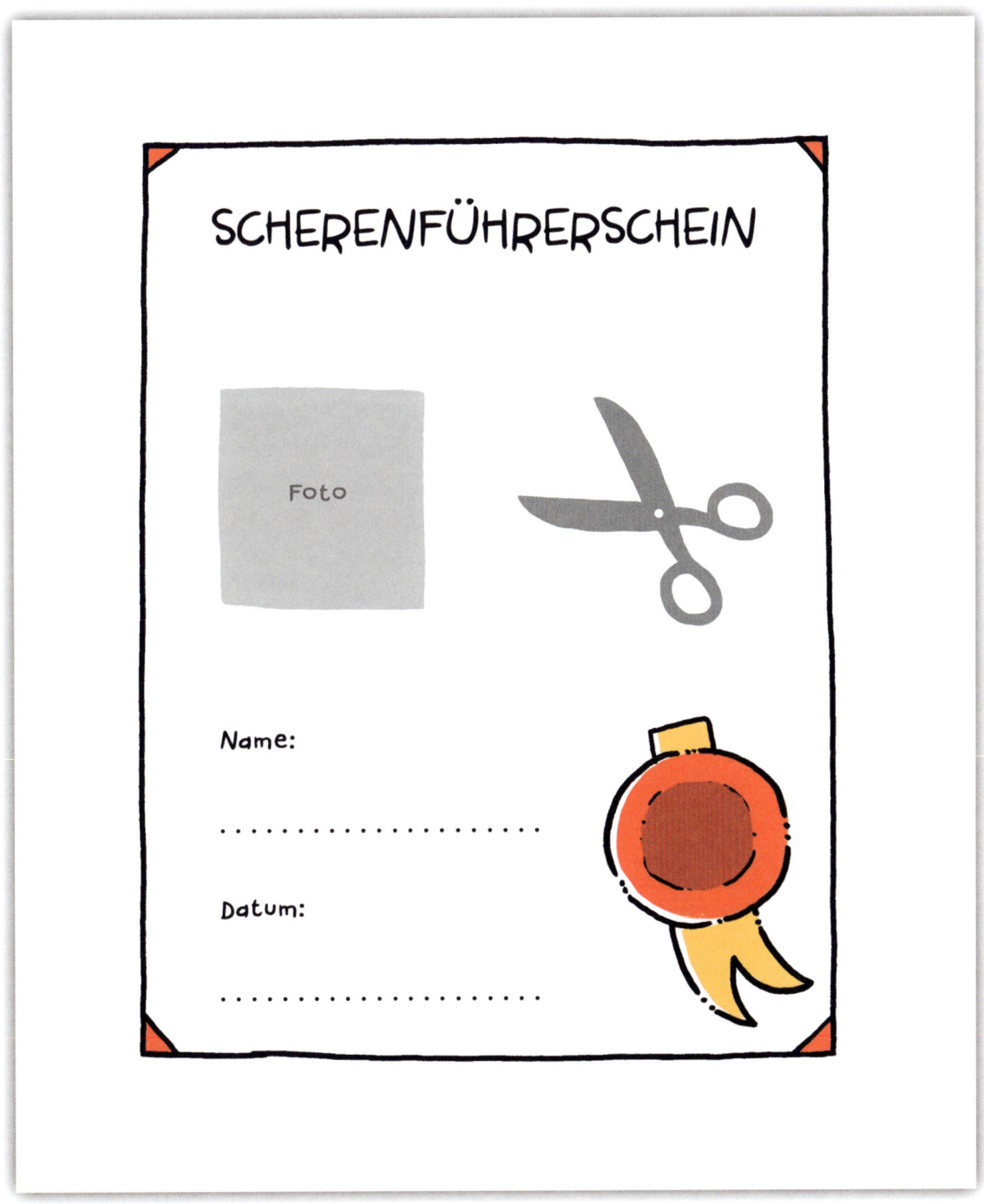

SCHERENFÜHRERSCHEIN

Foto

Name:

. . . .

Datum:

. . . .

Anton und Paul treffen
sich zum Wettschwimmen.

Im Frühling blühen
die Blumen.

Hier lassen Kinder
ihre Drachen steigen.

Tatütata! Wenn es brennt,
kommt die Feuerwehr.

Nach dem Training haben
die Kinder ihre Fußbälle
liegen gelassen.

Diese beiden Häuser hat ein
Architekt gerade neu gebaut.

Schau mal, gerade sind zwei
Heißluftballons gestartet!

Was für einen schönen, bunten
Hut der Mann trägt!

Zwei Marienkäfer krabbeln
fröhlich über die Wiese.

Ein Kreuzfahrtschiff fährt
Reisende über das Meer.

Mond und Stern treffen sich
am nächtlichen Himmel.

Da steigen zwei Luftballons auf.
Wie hoch die wohl fliegen?

Die Maus hat nach langer Suche
endlich ein leckeres Stück
Käse gefunden.

Die Sonne scheint, was für ein schöner Tag!

Motive zum Ausschneiden

Die beiden Fische Anton und Paul

Die Stempel der Frühlingsblumen

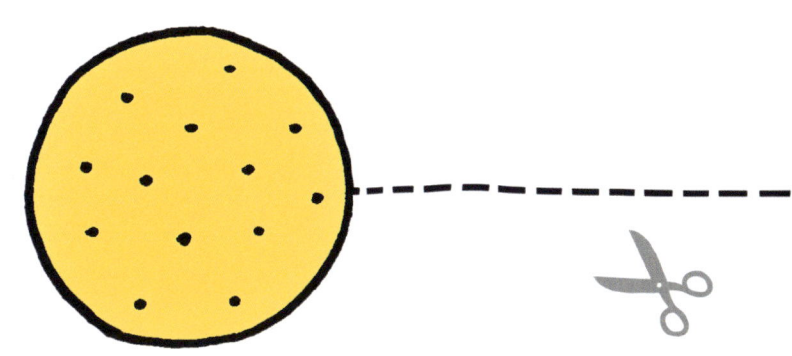

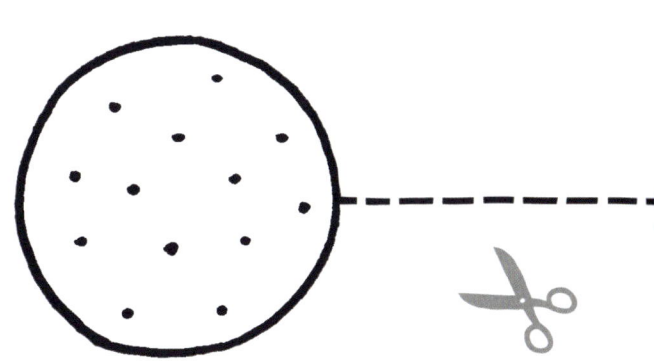

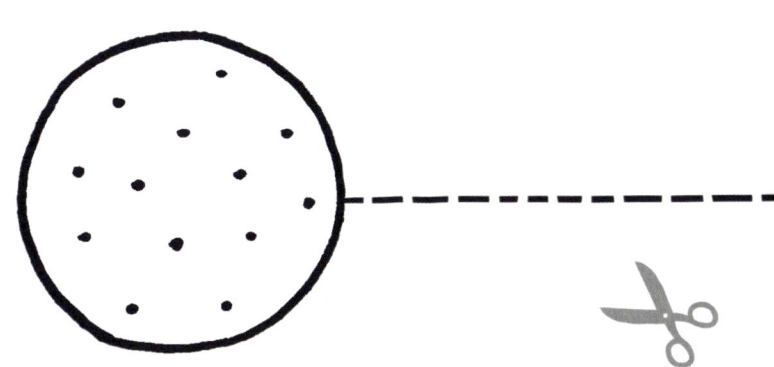

Zwei Drachen

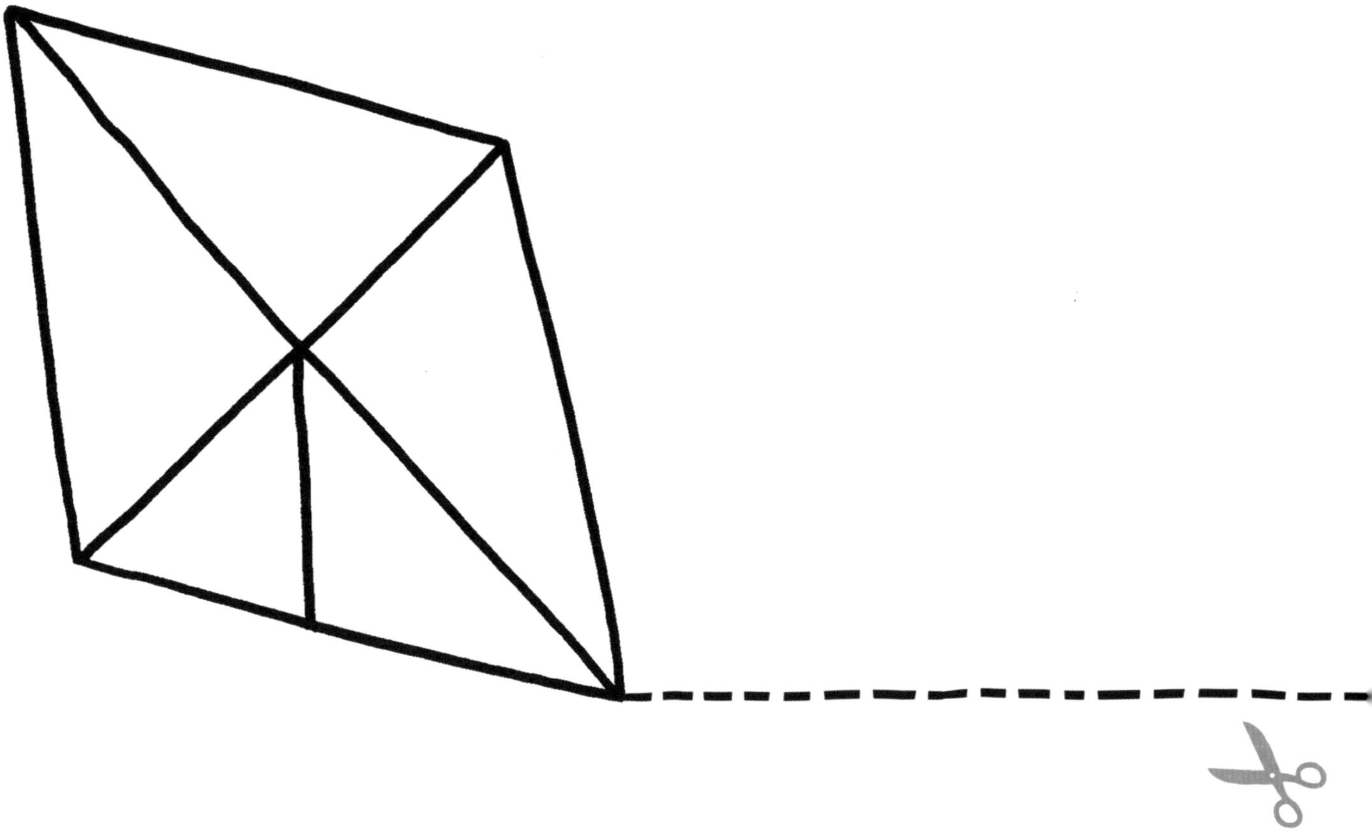

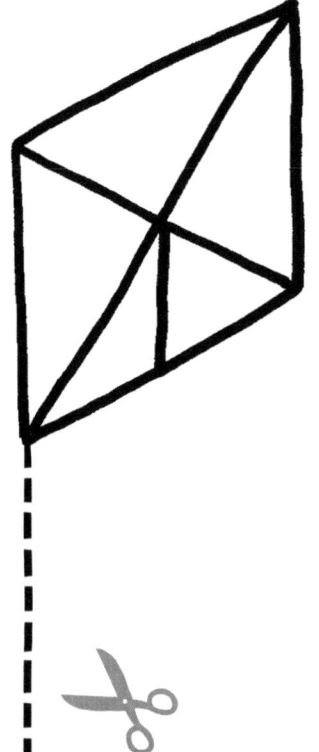

Fenster und Reifen vom Feuerwehrauto

Drei Fußbälle

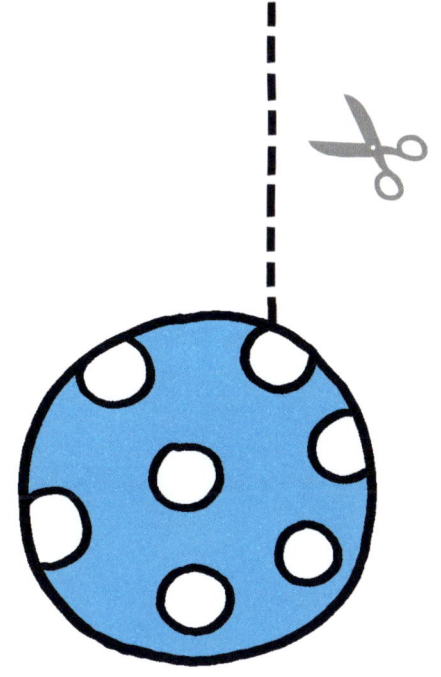

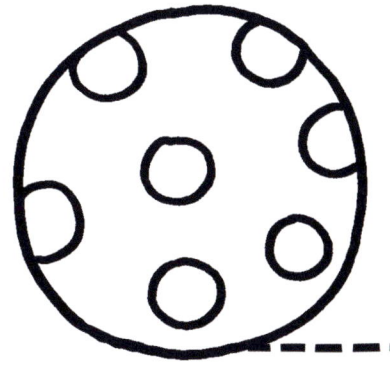

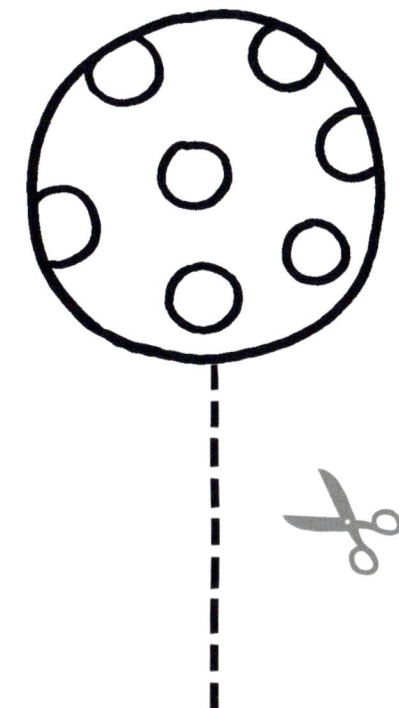

Zwei Häuser

Zwei Heißluftballons

Der bunte Hut vom Mann

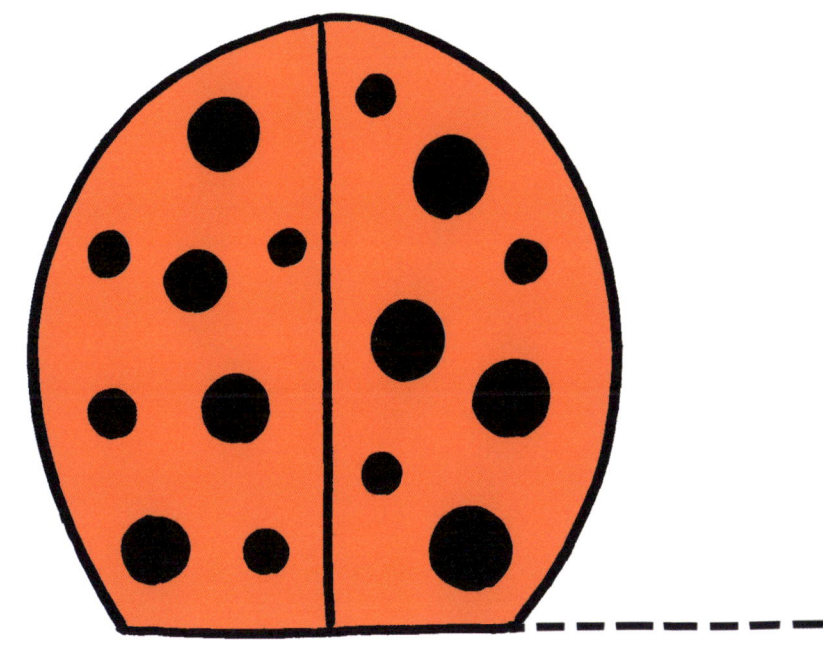

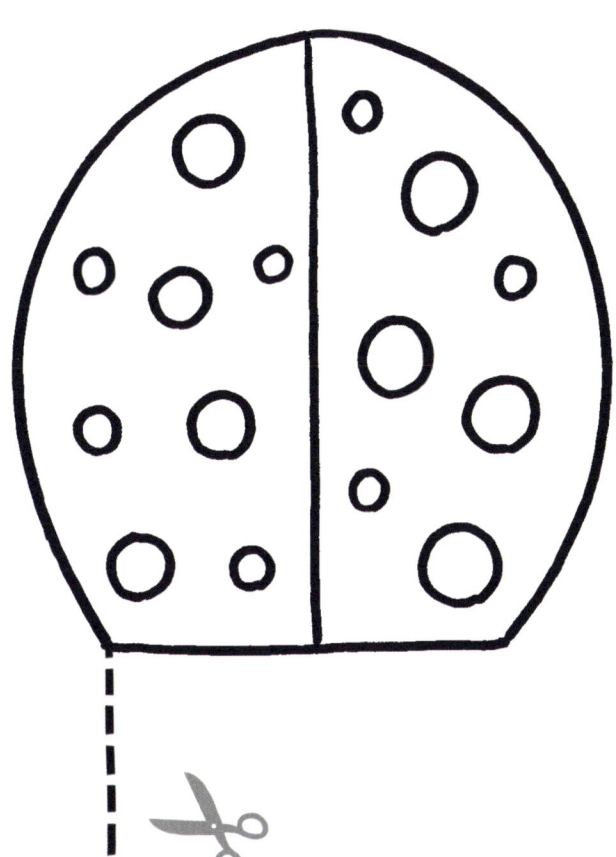

Die Flügel der Marienkäfer

Die Schornsteine vom Kreuzfahrtschiff

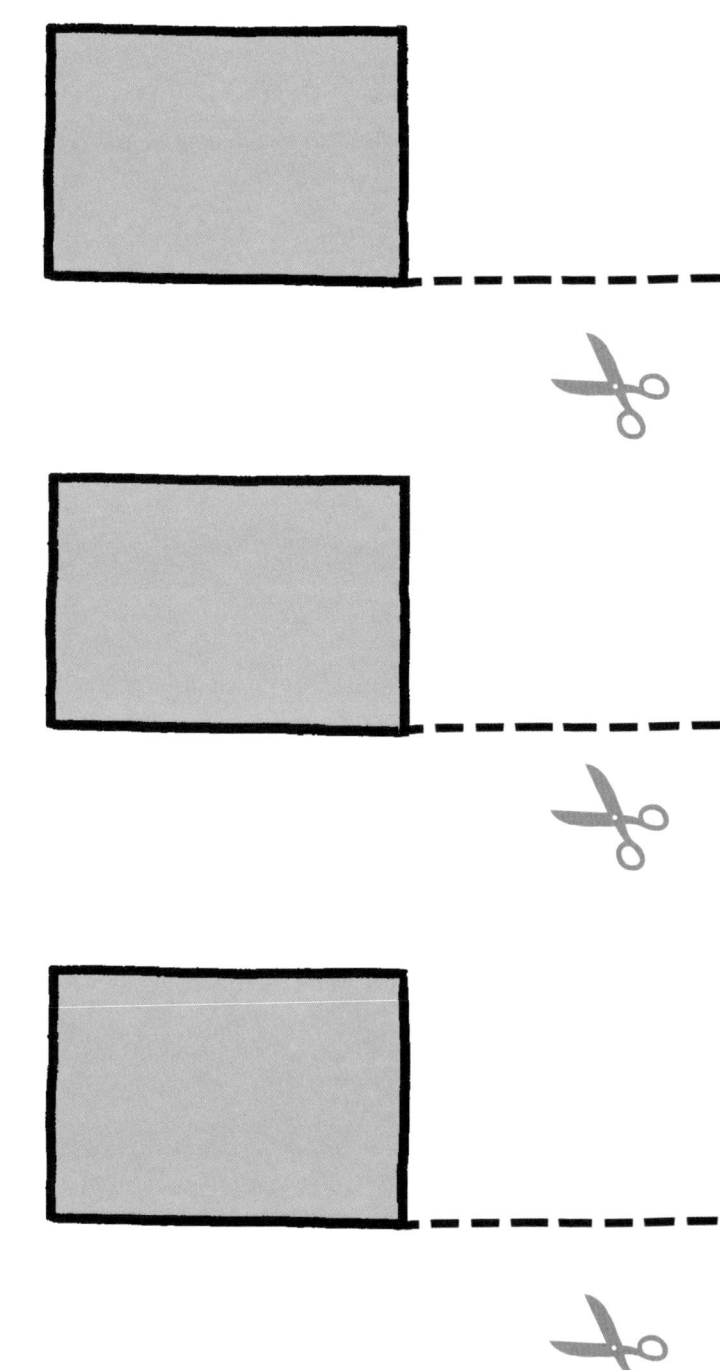

Mond und Stern

Zwei Luftballons

Der Käse für die Maus

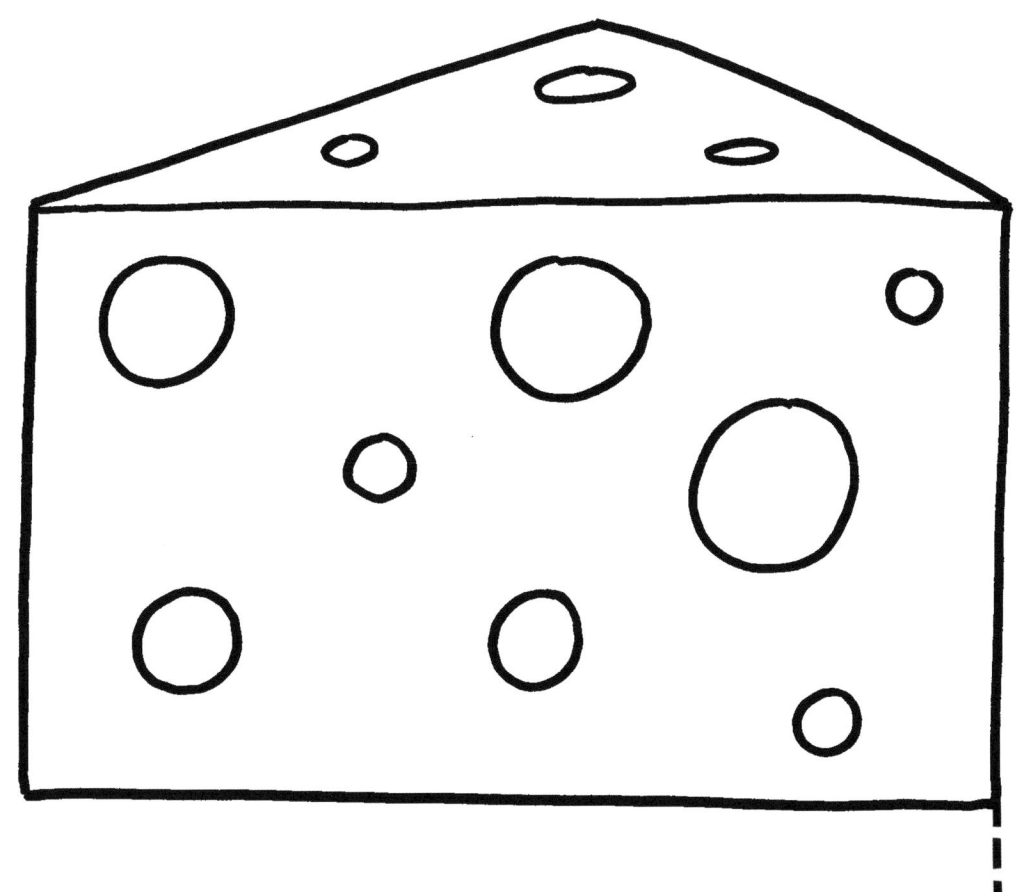

Die lachende Sonne

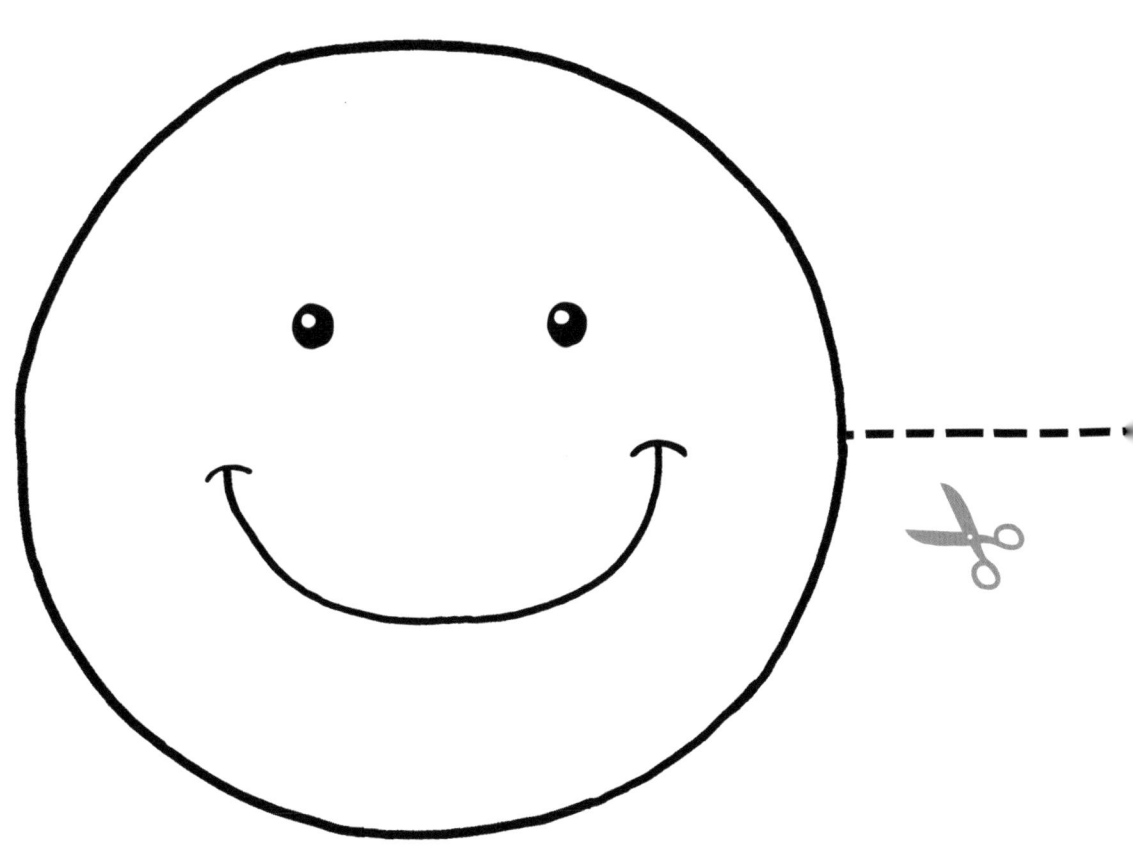

SCHERENFÜHRERSCHEIN

Foto

Name:

. . . .

Datum:

. . . .